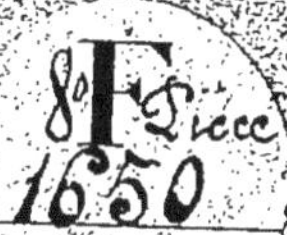

ASSURANCES TERRESTRES

JURISPRUDENCE RÉCENTE

DE LA

COUR DE CASSATION

1879-1889

PAR M. PAUL PHILOUZE

DOCTEUR EN DROIT

Avoué à la Cour de Rennes. — Ancien juge

AUTEUR DU

MANUEL DU CONTRAT D'ASSURANCE

RENNES

IMPRIMERIE DE CH. CATEL ET Cie

rue Lepeudit, 2 bis

1890

ASSURANCES TERRESTRES

JURISPRUDENCE RÉCENTE

DE LA

COUR DE CASSATION

1879-1889

PAR M. PAUL PHILOUZE

DOCTEUR EN DROIT

Ancien juge, — Avoué à la Cour de Rennes.

Pour faire suite au *Manuel du Contrat d'assurance* publié par MM. LAROSE
et FORCEL, libraires-éditeurs, rue Soufflot, 22, à Paris.

RENNES

IMPRIMERIE DE CH. CATEL ET Cie

rue Leperdit, 2 bis.

1890

INTRODUCTION.

—

Depuis l'année 1879, date de la publication du
Manuel du Contrat d'assurance, ce travail n'a rien
perdu de sa valeur juridique, puisque nulle loi géné-
rale n'a encore été votée sur ce sujet important et
usuel.

Voici dans quels termes la presse compétente
appréciait ce livre, lors de sa publication :

Le journal l'*Armorique*, dans son numéro du
1er juillet 1879, sous la signature de M. Poulain-
Corbion, littérateur et jurisconsulte, qui a été ré-
cemment honoré d'une statue, s'exprime ainsi :

« Voici un livre de droit, de théorie, de science,
qui présente ce caractère assez rare, grâce au sujet
qu'il traite, d'être en même temps un ouvrage pratique, utile, non pas seulement aux hommes qui
font profession de diriger les affaires des autres par
leurs conseils, mais encore à tout le monde...

« Ce travail est clair, d'une lecture facile, appuyé
de nombreuses autorités indiquées en note, et à la
portée de toute personne intelligente, ne fût-elle
pas versée dans les connaissances juridiques...

« En un mot, c'est un Manuel à la fois savant et pratique, qui devrait être dans les bibliothèques de tous les hommes d'affaires, de tous les propriétaires, et qui est surtout un véritable *vade mecum* à lire incessamment par les nombreux agents d'assurances répandus dans nos villes et dans nos campagnes. Nous l'avons parcouru avec plaisir et nous trouverons toujours profit à le consulter. » — *J.-M. Poulain-Corbion.*

Dans son numéro du 11 juillet 1879, l'*Océan*, de Brest, dit que ce Manuel est :

« Un ouvrage qui se recommande à la fois par une exposition magistrale des principes, par une analyse exacte et précise de la jurisprudence et par la réunion des principaux documents qui peuvent être utiles aux directeurs et aux agents des diverses Compagnies d'assurances et à tous les assurés. »

Enfin, l'*Union Bretonne*, de Nantes, dans son numéro du 6 août 1879, s'exprime ainsi, parlant des livres qui traitent de la matière si compliquée des conventions d'assurances :

« Parmi les plus remarquables de ces ouvrages, nous croyons devoir signaler le volume que vient de faire paraître M. Philouze, juge d'instruction à Rennes, et nous lui présageons un succès complet.

« Cet ouvrage réunit, en effet, toutes les conditions nécessaires pour qu'un ouvrage rende de sérieux services. Des divisions logiques, une méthode parfaite, une exposition claire et substantielle, tels sont les principaux mérites de cet ouvrage enrichi en outre de citations intéressantes, que la longue expérience de l'auteur lui a permis de multiplier...

« Par sa clarté et sa méthode, c'est un livre qui peut servir même à ceux qui n'ont pas fait du droit l'objet spécial de leurs études, en même temps que par sa logique et la richesse de ses citations il peut être fructueusement consulté par les légistes les plus consommés. »

Inutile de prolonger des citations qui auraient l'air d'une apologie.

Les Belges, plus favorisés que les Français, ont obtenu en juin 1874 une loi sur les assurances terrestres.

Lorsque nos législateurs daigneront enfin s'occuper de ces matières importantes, leur loi, reflet probable de la jurisprudence, sera, je le crains du moins, contraire aux principes libéraux dont je voudrais voir le triomphe.

La jurisprudence française n'ose même pas respecter ici la pleine liberté des conventions civiles. Il est vrai que les Français fin de siècle ne paraissent guère savoir ce que c'est que le règne de la liberté.

La jurisprudence vient limiter arbitrairement les droits des contractants, violant ainsi les vrais principes du droit civil. Elle n'admet même pas la juste proportionnalité de la prime aux risques.

Actuellement, un assuré paiera pendant dix ans et plus une prime, équivalent du risque, proportionnée à une indemnité déterminée dans le contrat ;

mais au moment du sinistre, l'assureur, au lieu de verser la somme convenue, fera procéder à une nouvelle estimation. Cette évaluation, souvent inexacte après incendie, sera la seule base légale de sa réelle obligation. (Cassation, 22 janvier 1867 ; — *id.*, 14 juin 1880.)

L'auteur du *Manuel du Contrat d'assurance* a cru pouvoir, en 1880, rédiger seul un projet de loi sur les assurances terrestres. Ce projet, imprimé à Rennes, fut adressé au Sénat sous forme de pétition, avec la lettre suivante :

« Messieurs les Sénateurs,

« Vous avez toujours montré une réelle sollicitude pour les intérêts généraux du pays. Permettez-moi d'espérer que vous ferez un accueil favorable à la demande que je viens vous adresser.

« Parmi les questions qui sollicitent aujourd'hui l'attention des économistes, l'une des plus notables est sans contredit celle des assurances terrestres. Le contrat d'assurance, que l'on nommerait plus exactement : contrat de sécurité, devient chaque jour plus fréquent. Cependant, malgré son importance évidente, il n'a pas encore été réglementé par les législateurs français.

« Après avoir sérieusement étudié les principes et les applications multiples de cette convention civile, j'ai cru pouvoir en tracer les règles principales ; je n'ai obéi qu'à cette pensée : rechercher la vérité, faciliter le maintien de la justice entre les contractants. Je me suis efforcé de rester à une égale distance des assureurs et des assurés, afin d'éviter l'écueil de la partialité.

« Laissez-moi penser, Messieurs les Sénateurs, que vous examinerez avec bienveillance le travail que je soumets à votre haute appréciation. Vous pourrez ainsi, en le faisant compléter par une Commission spéciale, combler une regrettable lacune qui se remarque depuis trop longtemps déjà dans nos lois civiles. »

Le dépôt de cette pétition fut pendant longtemps retardé, parce que M. Dufaure, qui avait promis de s'en charger, devint malade et ne se rétablit pas.

Enfin, à la date du 18 novembre 1884, la pétition et le projet de loi furent déposés, sous le n° 166, par M. le sénateur Joseph Brunet, ancien magistrat.

Le *Journal Officiel* du 23 mai 1885 porte la mention suivante :

« *M. Delsol,* rapporteur.

« Pétition n° 166, ...

« M. Paul Philouze, docteur en droit, juge d'instruction à Rennes, propose au Sénat le vote d'une loi relative aux assurances terrestres.

« *Rapport.* — La pétition est accompagnée d'un projet de loi en quatre-vingt-onze articles.

« Ce projet de loi a paru bien étudié et bien conçu à votre Commission. L'auteur déclare qu'il a obéi à cette seule pensée : « Rechercher la vérité, etc. » (Citation extraite de la lettre au Sénat, ci-dessus transcrite.)

« La Commission propose le renvoi de la pétition à M. le garde des sceaux, ministre de la justice. (Renvoi au garde des sceaux, ministre de la justice.) »

Avis de cette décision de la huitième Commission

des pétitions de la session extraordinaire de 1884, fut transmis par lettre affranchie, à l'auteur du projet, le 26 mai 1885.

Depuis cette époque, ce projet de loi sur les assurances terrestres, approuvé par le Sénat et confié aux soins éclairés du garde des sceaux, sommeille dans les cartons du ministère de la justice, et je ne connais pas de sorcière dont la baguette puisse le réveiller.

Dans le *Manuel du Contrat d'assurance*, le résumé de la jurisprudence occupe une place à part et mentionne de nombreux arrêts. Le travail complémentaire maintenant livré au public porte sur soixante-dix-huit arrêts de Cassation, rendus de 1879 à 1889, tous relatifs aux conventions d'assurances et tous postérieurs à la publication du *Manuel*.

Ce résumé sera remis gratuitement aux nouveaux acheteurs du *Manuel*, ouvrage édité par MM. Laroze et Forcel, libraires-éditeurs, 22, rue Soufflot, à Paris.

Paul PHILOUZE

Docteur en Droit.

JURISPRUDENCE RÉCENTE

—

1879 à 1889

1. — C. Civ., 1109-1110. — Lorsqu'un assuré croit traiter avec une Compagnie d'assurances à primes fixes, alors qu'il traite avec une Société d'assurances mutuelle, dont les imprimés dissi-mulent la qualité, l'assuré peut faire annuler son contrat. (Cassation, 6 mai 1878.)

2. — Lorsque l'assurance contre l'incendie porte sur une usine, les contractants peuvent librement fixer à un chiffre déterminé dans la police l'indemnité due journellement en cas de chômage de ladite usine. (Cassation, 3 mars 1879.)

3. — Quand la prime est quérable, l'assureur doit prouver qu'il a légalement et inutilement tenté de se faire payer, s'il veut faire tomber l'assurance. (Cassation, 22 avril 1879.)

4. — L'assuré doit déclarer à son assureur l'exis-

tence dans son immeuble des industries pouvant aggraver les risques d'incendie. (Cassation, 8 juillet 1878.)

5. —· L'impôt de 8 pour cent est dû, quelle que soit la forme donnée au contrat d'assurance. (Cassation, 11 février 1880.)

6. — Les tribunaux ont le droit d'interpréter souverainement le sens et la portée des termes d'une police d'assurances, et notamment d'assimiler la guerre civile à la guerre extérieure, quand l'assureur sur la vie doit être exonéré de son obligation de payer la somme stipulée, si l'assuré est tué ou mortellement blessé à la guerre. (Cassation, 11 août 1879.)

7. — Dans un contrat d'assurances sur la vie, le capital payable au décès de l'assuré à ses héritiers peut être, après le décès de cet assuré, valablement saisi par les créanciers du stipulant, nonobstant l'opposition faite à cette saisie par ses héritiers. (Cassation, 10 février 1880.) (La Cour de Dijon avait décidé le contraire.)

8. — Les juges ont un pouvoir souverain pour déterminer la pensée d'un contractant et peuvent valablement dire qu'un assuré a voulu rendre son conjoint bénéficiaire d'une assurance à la date même du contrat. Alors le prix stipulé n'entre ni dans la communauté, ni dans la succession du contractant. (Cassation, 10 novembre 1879.)

9. — L'agrandissement des constructions assurées, sans déclaration à l'assureur, ne constitue pas

une aggravation des risques pouvant entraîner la déchéance de l'assuré. — Si l'assureur tarde à payer l'indemnité par lui due, il en devra, après la demande de l'assuré, les intérêts à 5 °/₀. (Cassation, 28 janvier 1880.)

10. — L'assuré n'étant pas légalement tenu de payer les frais de déplacement des pompiers venus d'une commune voisine, si en fait il les paie, il ne peut point se faire rembourser de cette dépense par son assureur. (Cassation, 3 mars 1880.) (Le tribunal de Quimper avait décidé le contraire.)

11. — Lorsque dans un contrat d'assurances sur la vie la convention devient définitive par le paiement de trois années de primes, et donne lieu, en cas de non paiement des autres primes, à une réduction proportionnelle, encore faut-il, pour que cette réduction se puisse faire, que l'assuré ait été légalement mis en demeure de payer l'indemnité échue. (Cassation, 21 janvier 1879.)

12. — L'assureur et l'assuré ne peuvent pas convenir avant l'incendie que le règlement de l'indemnité sera fait par des arbitres. (Cassation, 22 mars 1880.)

13. — Les juges du fait sont souverains pour apprécier les intentions de l'assuré auteur de déclarations inexactes ou exagérées, et pour prononcer ou rejeter sa déchéance. (Cassation, 15 mars 1880; — *id.*, 15 décembre 1884.)

14. — La déclaration à faire par un assuré pour changement d'industrie n'est obligatoire que quand

ce changement détermine une aggravation des risques d'incendie. (Cassation, 17 mars 1880.)

15. — Les juges du fait sont souverains pour apprécier si une déclaration incomplète de l'assuré peut entraîner sa déchéance. (Cassation, 15 mars 1881.)

16. — L'assuré a droit à des dommages-intérêts si l'assureur, par mauvais vouloir, tarde à payer l'indemnité par lui due. (Cassation, 21 avril 1880.)

17. — Quand, de fait, une prime d'assurance est devenue de portable, quérable, l'assuré n'est plus tenu d'aller la payer au bureau de l'assureur, et, pour encourir déchéance, doit avoir été mis légalement en demeure de la payer. (Cassation, 30 août 1880.) (*Contrà, id.*, 16 décembre 1884.)

18. — Si le créancier d'un assuré sur la vie a, du consentement de cet assuré, payé constamment les annuités dues à l'assureur, ce sera ce créancier qui aura droit à l'indemnité. (Cassation, 19 janvier 1880.)

19. — Le bordereau que le directeur d'une Société d'assurances mutuelles dresse pour le recouvrement de l'impôt annuel payable par les assurés, est soumis à la formalité du timbre. (Cassation, 25 août 1880.)

20. — D'après l'art. 10 de la loi du 28 mai 1858, les détenteurs de récépissés et de warrants ont, sur l'indemnité due par l'assureur, le même privilège que sur la marchandise assurée; mais ce droit ne peut être étendu par analogie, la matière du privi-

lège restant de droit étroit. (Cassation, 2 août 1880.)

21. — D'après la jurisprudence française, l'assuré ne doit jamais tirer bénéfice de son assurance. Par suite, en cas de sinistre, l'assureur peut verser une indemnité inférieure à la valeur des objets assurés indiquée au contrat.

Aucun doute sur ce point si la police porte que l'assureur devra seulement la valeur vénale des objets assurés au jour du sinistre. (Cassation, 14 juin 1880.)

22. — Si un négociant, après avoir contracté une assurance sur la vie à son profit personnel et une autre au profit de sa femme, décède et est mis en faillite, le syndic pourra réclamer au profit des créanciers le montant des deux assurances, s'il n'y a pas eu acceptation expresse de la femme. (Cassation, 2 mars 1881.)

(Il serait plus juste de n'accorder à la faillite que le remboursement des primes payées avec les deniers du failli.)

23. — La cession du bénéfice d'un contrat d'assurances faite gratuitement par un négociant membre d'une Société en état de cessation de paiements, doit être annulée. (C. Civ., 1167; — Cour de Lyon, 21 juin 1879.)

24. — L'effet d'une assurance ne commence qu'à la date fixée dans le contrat, quand même la prime serait payée avant cette date. Le sinistre ayant lieu entre le jour du paiement de la prime et celui de la date du contrat ne donne ouverture à aucune indemnité. (Cassation, 27 avril 1881.)

25. — Les tribunaux ont pouvoir souverain d'apprécier si un contrat d'assurance sur la vie consenti par un mari au profit de sa femme survivante, constitue une libéralité de la part du mari au profit de sa femme. (Cassation, 7 mai 1881.)

26. — Lorsqu'un négociant est assuré à plusieurs Compagnies, il peut, en cas d'incendie, prouver par ses contrats que des marchandises sauvées du sinistre n'étaient pas comprises dans sa première assurance. (Cassation, 30 mai 1882.)

(Par suite, leur valeur n'entrerait pas en compte pour la fixation de l'indemnité à payer par l'assureur.)

27. — Le juge du fait est souverain pour décider qu'une Compagnie, ayant connaissance d'une assurance antérieure et consentant à faire signer un avenant à l'assuré, renonce, par ce renouvellement de contrat, au droit que sa police lui donnait de faire déclarer l'assuré déchu de son droit à une indemnité, pour n'avoir pas révélé cette assurance. (Cassation, 23 mai 1882.)

28. — Quand l'acquéreur d'un immeuble assuré s'est engagé dans son contrat à employer l'indemnité due par l'assureur à la reconstruction de l'immeuble, il est tenu de le faire, en vertu du contrat de vente. (Cassation, 12 décembre 1881.)

29. — Alors même que la police d'une Compagnie d'assurances sur la vie donne pouvoir au Con-

seil d'administration de régler les comptes pour la répartition des bénéfices annuels entre les assurés, les tribunaux ont le droit d'interpréter et de déterminer les bases de cette répartition et de fixer les droits de chaque assuré selon les termes de leurs contrats particuliers. Le droit de chaque assuré s'établit d'après le montant des primes qu'il a réellement versées. (Cassation, 19 juillet 1881.)

30. — En cas d'incendie, l'assuré perd son droit à une indemnité, quand cet incendie résulte de sa faute lourde, ou de la faute lourde de son préposé. L'appréciation de la gravité de la faute appartient aux tribunaux. (Cassation, 18 avril 1882.)

31. — L'assuré qui fait de fausses déclarations à son assureur encourt déchéance de son droit à une indemnité en cas de sinistre, même s'il a rectifié sa déclaration, lorsque le nouveau contrat ne se trouve pas régularisé quand l'incendie survient. (Cassation, 23 avril 1883.)

32. — Lorsqu'une Compagnie d'assurances succède à une autre, elle est tenue comme la première, et dans les mêmes termes, au paiement du sinistre, quand même elle n'aurait pas elle-même touché de primes. (Cassation, 26 juin 1883.)

33. — Dans les contrats d'assurances, les pièces, même autres que les polices et pouvant servir à prouver le contrat, doivent être écrites sur timbre. (Cassation, 2 juillet 1883.)

34. — Lorsqu'un propriétaire loue à un tiers partie de son immeuble pour y déposer des mar-

chandisés, sa responsabilité civile n'est point enga-
gée lorsqu'un incendie se déclare dans cette partie
de l'immeuble et y détruit les marchandises dépo-
sées. (Cassation, 23 janvier 1884.)

35. — Si un agent d'assurances, prenant une
fausse qualité et pratiquant des manœuvres fraudu-
leuses, obtient ainsi des blancs-seings dans lesquels
il substitue un assureur à un autre, le prétendu
assuré n'est point lié vis-à-vis de ce nouvel assureur et l'agent d'assurances a commis une tentative
d'escroquerie. (Cassation, 11 août 1881.)

36. — Si c'est l'agent de l'assureur qui a fait au
contrat la désignation des choses assurées, le bénéficiaire de la police ne peut pas être déchu de son
droit à l'assurance pour fausse déclaration. (Cassation, 4 juillet 1883.)

37. — En principe, une Société d'assurances
mutuelles ne peut pas traiter à primes fixes, et si
elle le fait, l'assuré peut poursuivre le remboursement des primes qu'il a versées. — Cependant, par
clause spéciale dans ses statuts, une Société mutuelle peut transformer la cotisation éventuelle due
par ses assurés en cotisation fixe, comme l'a fait la
Mutuelle de Rennes. (Cassation, 12 février 1884.)

38. — En principe, un maître n'est pas respon-
sable du préjudice résultant du crime d'incendie
commis par son domestique. (Cassation, 3 mars
1884.)

39. — Lorsqu'une police d'assurances défend à
un assuré, sous peine de déchéance, de se faire

assurer par une autre Compagnie, sans avoir préalablement porté ce fait à la connaissance du premier assureur, si l'assuré passe outre sans déclaration, il reste déchu, en cas de sinistre, de son droit à une indemnité. (Cassation, 6 août 1884.)

40. — Lorsqu'un même contrat d'assurance donne lieu à deux actions commencées devant deux tribunaux différents, et pouvant amener la résiliation du contrat, on doit régler de juges. (Cassation, 25 février 1884.)

41. — Un ouvrier, dont le patron fait assurer son chantier contre les accidents de travail, ne peut pas, s'il se blesse, agir directement contre l'assureur. (Cassation, 23 juillet 1884.)

42. — Les contrats d'assurances souscrits par une Société mutuelle ne peuvent être appréciés que par les tribunaux civils, cette Société n'étant pas commerciale. (Cassation, 15 juillet 1884.)

43. — Le tribunal du lieu où la prime d'assurance se paie est compétent pour statuer sur toutes les conséquences du contrat. (Cassation, 1er décembre 1884.)

44. — Lorsqu'un propriétaire oblige par bail son locataire à faire assurer l'immeuble loué et à payer les primes, c'est cependant, en cas d'incendie, le propriétaire dudit immeuble qui touche l'indemnité. (Cassation, 19 février 1885.)

45. — Les tribunaux ont pouvoir souverain d'admettre ou de rejeter, selon les circonstances, la déchéance de l'assuré, lorsque l'assureur soutient

qu'une aggravation de risque ne lui a point été déclarée, si ce genre d'aggravation n'est point nommément écrit au contrat ;

Lorsque l'assureur reproche à l'assuré de ne plus habiter l'immeuble assuré, s'il continue d'en payer le loyer ;

Lorsqu'il y a déclaration inexacte sur la combustibilité de l'immeuble, si l'agent de l'assurance l'a visité avant le contrat. (Cassation, 20 février 1884.)

46. — Lorsque, d'après les statuts, la première prime se verse lors de la passation du contrat, si ce versement vient par exception à être effectué plus tard, une omission d'indication de risques nouveaux à cette date n'entraine pas déchéance du droit de l'assuré. (Cassation, 30 avril 1884.)

47. — Lorsqu'une Compagnie d'assurances à prime est mise en liquidation, ses assurés peuvent demander et obtenir la résiliation de leurs contrats. (Cassation, 20 octobre 1885.)

48. — Si le conseil général d'une Société mutuelle prononce la dissolution de cette Société, il n'a pas le droit de déclarer maintenus les contrats antérieurs à cette dissolution. (Cassation, 18 novembre 1885.)

49. — Lorsque dans son contrat un assuré cède à son assureur ses droits de recours contre des tiers, cela ne forme pas une subrogation légale ; c'est une cession conditionnelle, et la survenance de l'incendie réalise cette condition et valide la convention. (Cassation, 5 août 1885.)

50. — Lorsqu'un patron qui assure ses ouvriers contre les accidents, leur fait payer une prime retenue sur leurs salaires, ces ouvriers, bien que ne figurant point au contrat, ont, en cas d'accident à eux préjudiciable, une action directe contre l'assureur. (Cassation, 1er juillet 1885.)

51. — Lorsqu'un entrepreneur s'est fait assurer contre le dommage pouvant résulter pour lui d'accidents survenus au cours de ses travaux, il doit être indemnisé, même quand l'accident peut être attribué à la faute de son ouvrier. (Cassation, 2 juin 1886.)

52. — Un assuré n'est pas tenu de déclarer à son autre assureur une réassurance, si les objets du second contrat sont distincts de ceux du premier, bien que placés dans le même immeuble. Exemple : mobilier ordinaire, — marchandises. (Cassation, 12 janvier 1886.)

53. — La renonciation d'un assureur à la clause de déchéance encourue par l'assuré n'est soumise à aucune formalité; elle peut résulter des circonstances laissées à l'appréciation du juge. (Cassation, 12 janvier 1886.)

54. — Les justifications basées sur des pièces inexactes n'entraînent pas nécessairement, en cas de sinistre, la déchéance de l'assuré, quand elles n'ont point nui à l'assureur. (Cassation, 29 mars 1886.)

55. — Le négociant qui fait assurer, en outre de ses choses personnelles, des marchandises dont

il se trouve dépositaire, n'a, en cas de sinistre, d'action contre l'assureur que s'il se trouve légalement tenu d'indemniser les déposants. (Cassation, 2 juin 1886.)

56. — L'assuré mutuel qui a traité sans comprendre la portée des calculs qui ont servi à déterminer le chiffre de sa cotisation, ne peut arguer de son ignorance pour faire résilier son contrat. (Cassation, 9 août 1886.)

57. — Lorsqu'une Compagnie cède une partie de ses risques à un autre assureur, elle peut, si son premier traité ne le lui défend pas, céder le reste de ses risques à une autre Compagnie. (Cassation, 27 octobre 1886.)

58. — Le capital stipulé dans une assurance sur la vie est dû par l'assureur, bien que la prime n'ait pas été versée à l'époque convenue, si le retard apporté à ce paiement provient du fait de l'assureur. (Cassation, 4 mai 1887.)

59. — L'agent d'une Compagnie d'assurances qui publie, en se défendant, un jugement rendu contre le représentant d'une Compagnie rivale, n'est pas passible, pour cette publication, de dommages-intérêts. (Cassation, 13 juillet 1885.)

60. — Les juges sont souverains pour apprécier dans quelles limites un assureur peut, en cas de sinistre, abaisser le chiffre de l'indemnité par lui due, quand les objets assurés ont une valeur sujette à varier. (Cassation, 21 février 1887.)

61. — Le directeur d'une Société civile d'assu-

rances mutuelles peut, pour utiliser les économies obtenues sur ses frais de gestion, créer une Société dont les agissements peuvent le rendre justiciable des tribunaux de commerce. (Cassation, 28 décembre 1886.)

62. — Quand une Compagnie d'assurances stipule, en cédant son portefeuille, que si sa nullité comme Société est prononcée, la cession deviendra nulle, cette clause sera applicable même si la nullité n'est déclarée que par les juges d'appel. (Cassation, 6 juillet 1887.)

63. — Lorsque la police d'un contrat d'assurance porte que l'assuré devra payer sa prime au domicile de l'assureur, si en fait cet assureur l'envoie toucher par son agent, l'assuré, en cas de non paiement dans le délai fixé par le contrat, ne peut être déclaré déchu de son droit à l'indemnité, s'il n'a pas été *légalement* mis en demeure de payer la prime ou cotisation échue. (Cassation, 20 décembre 1887 ; — *id.*, 27 décembre 1887 ; — *id.*, 25 janvier 1888.)

64. — Les juges du fond sont souverains pour apprécier si le fait par un assuré de ne pas avoir déclaré à son assureur une assurance ancienne renouvelée avec augmentation du prix du contrat, peut faire encourir à cet assuré la déchéance de son droit à toute indemnité d'après la clause de son contrat qui l'oblige à dénoncer à son assureur toute nouvelle assurance. (Cassation, 17 janvier 1888 ; — *id.*, 6 mars 1888.)

65. — Celui qui consent un contrat d'assurance sur la vie peut stipuler que l'indemnité due à son décès sera payée par l'assureur à une personne déterminée, et *après l'acceptation* faite par le tiers bénéficiaire, celui-ci a un droit personnel. Donc, si l'assuré tombe en faillite, le syndic ne peut pas alors réclamer pour son actif la somme due par l'assureur. (Cassation, 16 janvier 1888; — *id.*, 6 février 1888; — *id.*, 7 août 1888; — *id.*, 23 janvier 1889.)

66. — Si un usufruitier a contracté une assurance contre la grêle et décède avant l'expiration de la police, ce contrat ne lie pas le nu-propriétaire de l'immeuble assuré. (Cassation, 9 novembre 1887.)

67. — Un négociant commissionnaire qui a fait assurer, avec ses propres choses, des marchandises dont il est dépositaire, peut, en cas de sinistre, se faire payer l'indemnité stipulée, alors même que, vis-à-vis des déposants, un cas de force majeure viendrait le dégager de toute responsabilité civile. (Cassation, 27 décembre 1887.)

68. — Un contrat d'assurance ne peut pas être annulé pour omissions ou réticences de l'assuré, quand il est appris que le contrat a été rédigé par le préposé de l'assureur, après déclarations complètes de l'assuré. (Cassation, 28 mai 1888; — *id.*, 25 juin 1889.)

69. — L'assuré peut cesser de payer les primes annuellement convenues, s'il s'aperçoit que le contrat par lui passé est légalement nul.

Les clauses imprimées sont en principe valables comme les clauses manuscrites, notamment celle d'après laquelle dans un contrat d'assurance contre les accidents, l'assuré cesse d'être garanti s'il ne paie pas la prime à son échéance et durant tout le temps qui s'écoule entre cette échéance et le paiement effectif. (Cassation, 5 mars 1889.)

70. — Lorsqu'un assuré assigné en justice de paix pour le paiement d'une prime, veut demander la résiliation de son contrat, il faut, pour apprécier le chiffre de cette demande au point de vue de la compétence, additionner toutes les primes non payées jusqu'à l'expiration du contrat. (Cassation, 10 décembre 1888.)

71. — Le caractère légal d'une Société dépend, non du titre qu'elle prend, mais des opérations qu'elle accomplit. Par suite, une Société dite d'assurances mutuelles peut, si elle fait des actes de commerce, être déclarée en état de faillite. (Cassation, 23 octobre 1889.)

72. — Les tribunaux doivent maintenir les engagements réciproques des assureurs et des assurés dans les termes mêmes des contrats par eux signés. (Cassation, 28 octobre 1889.)

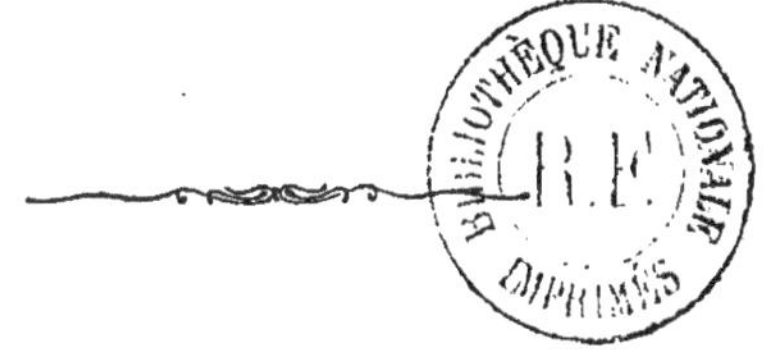

www.ingramcontent.com/pod-product-compliance
Ingram Content Group UK Ltd.
Pitfield, Milton Keynes, MK11 3LW, UK
UKHW020913140726
13695UKWH00006B/2505